LINDA FELINGER

SMS

MODE D'EMPLOI

Sexe, mensonge et fautes de frappe

AVANT-PROPOS :

« J'ai des choses à te dire, des choses qui ne se disent pas sur une messagerie ou avec des SMS », regrettait Pearl, chanteuse engagée du milieu des années 2000. Nous n'avons jamais su ce qu'elle avait à dire mais quoi que c'eût été, si à l'époque elle avait possédé ce livre, il est certain qu'elle aurait changé d'avis.
Peut-être même que son *gangsta-baby* serait encore en vie...
Ce livre lui est dédié.

INTRODUCTION

Si vous avez ce livre entre les mains, c'est que vous possédez certainement un téléphone, si vous possédez un téléphone, c'est que vous disposez certainement de doigts et si vous avez à la fois un téléphone et des doigts, il est probable qu'il vous arrivera, si ce n'est pas déjà le cas, de recevoir ou d'envoyer des SMS. Peut-être pensez-vous maîtriser cette pratique, peut-être même avez-vous grandi avec et pianotez-vous plus rapidement sur votre clavier de smartphone qu'une dactylo des années Giscard, mais ne soyez pas si confiant : derrière leur apparente simplicité, les SMS cachent bien des pièges et des subtilités... Ainsi que chacun parle, tout le monde brille-t-il autant par son tact, son humour et son éloquence ? Non. Alors, que vous soyez SMS-addict ou senior largué, que vous ayez ou non les pouces musclés et quel que soit votre degré de responsabilités ou d'attractivité, ce guide va vous aider.

Bonne lecture et bonne chance.

DE L'IMPORTANCE DU TEXTO

SMS FOR EVER

En 20 ans et seulement trois lettres, le SMS s'est installé dans notre paisible quotidien. S'il y a encore peu de temps, nous échangions principalement des paroles et courriers pour communiquer, aujourd'hui, le texto a pris une place importante dans nos échanges, en particulier d'ordre privé.

Les moyens de communication à travers les âges :

	Arrière-grands-parents	**Grands-parents**	**Parents**	**Enfants nés après le pic de carrière de Pierre Bachelet (1981).**
Échanges du quotidien	Art rupestre	Marché dominical	Téléphone à cadran	SMS, chat
Rapports de séduction	Danse rituelle	Regard insistant	Minitel	SMS, chat
Tâches administratives	Coup de gourdin	Courrier par porteur	Courrier avec timbre vert	E-mail

Dire à l'autre qu'on l'aime, qu'on sera en retard, qu'il faut nous rendre les 39 € qu'on lui a prêtés le mois dernier ou qu'il est tout simplement un gros con et qu'il serait de bon ton qu'il veuille bien aller se faire enc**** se fait en quelques micromouvements de phalange. Du fond d'un lit, dans un train, à cheval ou sur un bateau qui file sur les eaux, que vos propos soient amoureux ou amicaux, de la plus insignifiante anecdote à la plus primordiale précision, tant que vous avez du réseau, vous êtes candidat éligible à l'émission et à la réception d'informations.
Certes, de prime abord, ce texte court et froid ne semblait pas des plus propices au dialogue. Il s'est pourtant imposé, fort de nombreux atouts et d'un contexte favorable à son essor :

DISCRÉTION/IMMORALITÉ : avec un format compact et dans un silence absolu (téléphone, mode discret), les SMS vous donnent accès aux discussions les plus inappropriées. Mordre virtuellement les seins de sa maîtresse au jardin d'enfants ou exposer son point de vue sur l'immigration nord-africaine dans un RER de Châtelet n'est plus un problème (à part peut-être pour vous-même).

RAPIDITÉ/OISIVETÉ : écrire une lettre a son charme mais quand on pense au temps qu'il faut pour le faire (acheter une carte postale, se procurer un timbre, coller sa langue sur la colle addictive de l'enveloppe, retranscrire une adresse, trouver un bureau de poste et viser la bonne fente, « Autres départements »), on comprend que le SMS l'emporte largement pour les vœux d'anniversaire ou de bonne année.

NEUTRALITÉ/MENSONGE : sans visage ni intonation, la neutralité du texto a la qualité de son défaut. Aucun rougissement, rictus, bruit de fond ou ricanement ne mettra votre interlocuteur sur la piste de vos mensonges. Prétendez être coincé sur un télésiège ou être une jeune Slave assoiffée de sexe : seul votre aplomb compte dans la crédibilité d'un SMS.

DISTANCE/DÉLINQUANCE : avec une portée qui n'a de limites que votre batterie et votre forfait, le SMS c'est l'opportunité de la lâcheté. Insultez, menacez, harcelez : au détail près que votre numéro apparaît, vous êtes à l'abri des représailles corporelles.

PRIX/CHÔMAGE DES MOINS DE 25 ANS : crise mondiale oblige, notre économie plonge la jeunesse dans un bain de désillusions et noie ses rêves de croissance dans la plus implacable pauvreté. Le temps étant aux restrictions budgétaires, en attendant les versements de ses hypothétiques donateurs (parents, État, mécène taïwanais imaginaire), le jeune plébiscite le texto pour sa relative gratuité.

Synthèse illustrée :

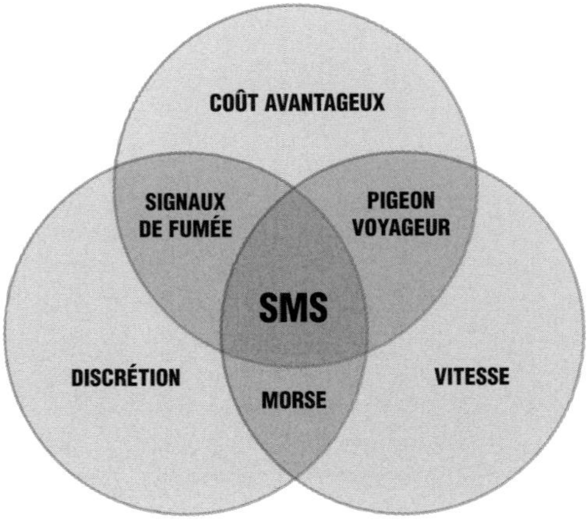

Plus prudent qu'un coup de fil, plus pratique qu'un e-mail, plus propre qu'un timbre et moins idiot qu'un pigeon, le SMS est le meilleur moyen de communication à ce jour. Par ailleurs, comme nos connaissances actuelles semblent vouloir l'indiquer, il faudra attendre une démocratisation massive de la télépathie pour qu'il soit supplanté - autrement dit, on a le temps.

DO YOU SPEAK TEXTO ?

Puisque vous êtes arrivé jusqu'à ce chapitre, considérons comme établie votre faculté à lire (si ce n'est pas le cas et que vous faisiez semblant, merci à vous, je trouve l'effort tout aussi méritoire). Votre capacité à écrire sera, quant à elle, présupposée tout le reste de cet ouvrage. Maîtrisant l'écriture et la lecture, vous disposez des bases nécessaires à la pratique du SMS, reste maintenant à en saisir toutes les techniques et complexités.

L'ÉCRITURE :

Avec l'évolution de notre société, les moyens d'écriture ont connu plusieurs mutations d'importance.

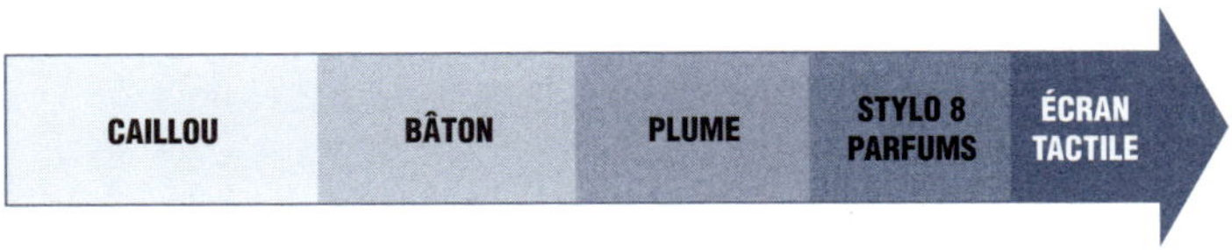

Au fil des siècles, nous sommes ainsi passés du doigt au silex, du silex au roseau, du roseau à la plume, de la plume au crayon, du crayon au stylo et du stylo au clavier, le clavier ayant lui-même connu nombre de modernisations successives. Nécessairement ambidextre, morne et fastidieuse, la dactylographie aurait pu condamner l'écriture à un avenir sombre mais c'était compter sans son premier utilisateur. En effet, même s'il faut féliciter des ingénieurs de Californie et d'ailleurs pour la mise au point de saisies intuitives foireuses (feu l'écriture T9), d'émoticônes attractives ou d'écrans tactiles, le texto doit avant tout son salut au jeune. Sous sa frange grasse et son acné purulente, bravant plus de 1000 ans de grammaire et méprisant sa prédisposition à ne rien faire de constructif, l'ado a humanisé l'écriture au clavier, lui donnant la chaleur et la simplicité qui lui manquaient. Des innovations d'abord pensées pour un gain de temps et d'argent et qui deviendront vite un véritable mode de communication générationnelle. Un langage né du peuple pour le peuple, dont l'ingéniosité n'a d'égale que l'élégance...

L'ABRÉVIATION :
Système sectaire permettant d'ôter à un mot tout ou partie de ses voyelles, considérant que cette catégorie de lettres est optionnelle à la bonne compréhension du terme. Ex. : « excz-moi, je suis dsl pour ta soirée d'annivrsr, tu m'appl ? » (Excuse-moi, je suis désolé pour ta soirée d'anniversaire ? tu m'appelles ?)

LA PHONÉTIQUE :
Système primitif reposant sur le mépris total de l'orthographe au profit exclusif des analogies sonores. Ex. : « té un gro pédé torè kan mèm pu meu raplé » (Tu es un gros pédé, tu aurais quand même pu me rappeler.) Note : peut s'utiliser seulement pour les mots à l'orthographe considérée comme risquée ou contrariante. Ex. : « je passe à la farmaci » (Je passe à la pharmacie.)

LA MAJUSCULE :
Système grossier, complémentaire à celui de « la phonétique », permettant l'utilisation des majuscules pour évoquer un son (syllabe), ceci dans le but de raccourcir encore l'acte d'écriture. Ex. : « TOQP ? » (T'es occupé ?)

LE CHIFFRE :
Variante subtile du système dit de « la majuscule » permettant l'utilisation de la sonorité d'un chiffre pour évoquer celle d'une syllabe. Ex. « Mr6 pour ojourd8, a vendre10 ! » (Merci pour aujourd'hui, à vendredi !)

LE FRANGLAIS :
Système de substitution permettant le remplacement d'un mot français par sa traduction anglaise, supposée plus cool et plus courte. Ex. « T'es chez toi today ? » (T'es chez toi aujourd'hui ?)

LE SMILEY :
Association de signes permettant la personnification d'une émotion. Ex. : « :-) » (Je suis sourire, je suis heureux, je suis gentil, je suis content, je t'emmerde.) Note : les smartphones proposent désormais des émoticônes complexes, voire animées, permettant d'étendre toujours plus la communication visuelle (cadeaux, bouquets de fleurs, œuf au plat, personnage en habit traditionnel chinois, Chinois qui vomit ses nouilles, etc.)

LES CODES DE LANGAGE :

Quel que soit votre niveau de langue, que vous parliez plus-que-parfaitement ou que vous soyez de ceux qui manient la conjugaison avec une certaine complaisance, le SMS a des codes qu'il vous faudra respecter et connaître. Des codes qui s'appliquent à tous et en toutes circonstances :

ÊTRE RACCORD :

En dehors d'un contexte particulier (rupture, rancœur, dialogue avec un Papou), adoptez toujours le même style et le même ton que votre interlocuteur. À un « Putain journée à la con, j'viens de rater mon bus ! FUCK ! », préférez rétorquer un « Ah merde ! » plutôt qu'un « Je suis navré d'apprendre cela. Je suis certain que cet incident ne saurait remettre en cause la qualité de ta journée. Salutations, Michel ».

MAÎTRISER LA PONCTUATION :

Si souvent la ponctuation est totalement méprisée dans un SMS, lorsqu'elle est utilisée, son impact s'en retrouve décuplé.
Ainsi :

- des majuscules intensifient le volume, soit la valeur subjective d'un mot. Ex. : « tu crois PEUT-ETRE que je suis pas au courant pour HIER SOIR ? » pourra être traduit par « Tu me prends pour une conne ? Je suis au courant pour ce que tu as fait à la soirée de Moustapha. Sale con. »
- un point final appuie une intention. Ex. : « C'est fini. » pourra être traduit par « Je te largue et je ne remettrai plus les pieds dans ta région. Au revoir. »
- les points d'exclamation ou d'interrogation deviennent des phrases à part entière. Ex. : « ???!! » pourra être traduit par « Quoi ?? Mais comment ?!! »
- les points de suspension renforcent les sous-entendus et attisent l'imaginaire. Ex. : « je prends un bain... » pourra être traduit par « Je me caresse avec le pommeau de douche et je frotte vigoureusement ma jeune poitrine avec une huile au monoï dont j'espère bientôt pouvoir te faire humer tous les doux effluves ».

LIRE ENTRE LES LIGNES :

Plus qu'un simple écrit, le texto est une langue vivante riche en couleurs et avec laquelle il est nécessaire d'être observateur. En effet, une idée, même la plus simple, pourra être exprimée de tant de manières qu'on apprendra à y décoder un second niveau d'information : émotion, intonation, intention, sous-entendu... Pour cela, seul le bon sens et l'apprentissage de ce livre par cœur et dans tous les sens porteront leurs fruits.

Démonstration par l'exemple « Bisou » :

	Premier niveau d'information :	**Second niveau d'information :**
:-X	Bisou	Politesse des moins de 12 ans, timidité
XOXO	Bisou	Politesse adolescente, minauderie
Bisoooouuu	Bisou	Politesse simulée, détachement
La bise	Bisou	Politesse des plus de 50 ans, délégué CGT
Je t'embrasse	Bisou	Politesse standard, bienveillance
Je t'embrasse...	Bisou	Politesse douteuse, concupiscence

LES 7 RÈGLES SECRÈTES DU SMS

Comme le catholicisme, le Uno, le Fight Club ou la circulation routière, le SMS a ses règles :

- Un SMS vaut mieux que deux « on s'appelle ! ».
- En matière d'amour, trop de texto tue le texto, et *in fine* la libido.
- Texto trop tôt, texto râteau. Texto trop tard, texto crevard.
- Au-delà de 160 caractères, appelez quelqu'un ou achetez un chat et parlez-lui directement de tous vos problèmes.
- Ne jamais écrire ou composer une chanson française qui contient les mots « SMS » ou « texto ».
- N'envoyez jamais de sexto aux contacts dont le nom dans votre répertoire se situe à proximité immédiate de « Maman », « Papa » et « Guy » (votre patron).
- En cas de doute, gardez en tête que la meilleure réponse à un texto est de ne pas y répondre.

MESSAGES ENVOYÉS

GESTION DES RENDEZ-VOUS

ANNULER UN RENDEZ-VOUS

Déjeuner en famille, entrevue amicale, événement professionnel : on compte sur votre présence mais au fur et à mesure que le temps avance, vous comptez plus encore sur un contretemps qui vous dégagerait miraculeusement de vos engagements. Avant d'invoquer une réunion peu crédible ou une mystérieuse grève de train, mesurez le rapport soulagement/regret qu'aura votre désistement. La présence d'alcool, la perspective de rencontres ou la promesse d'un repas gratuit (hors quiches maison aux lardons et biscuits apéritifs) peuvent peut-être vous faire changer d'avis. Si malgré cela, votre intention d'annuler reste vive, procédez comme suit :

1/ Plus votre absence aura un impact sur l'événement, plus il faudra avoir une bonne raison d'annuler.

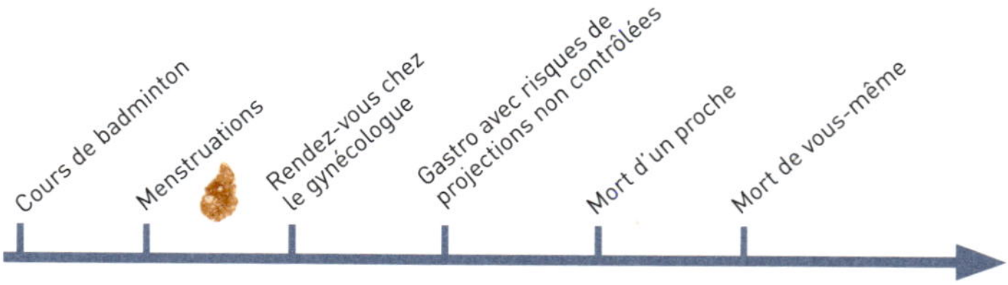

2/ Plus votre absence générera des critiques à votre égard, plus il faudra avoir l'air sincèrement déçu et désolé d'annuler.

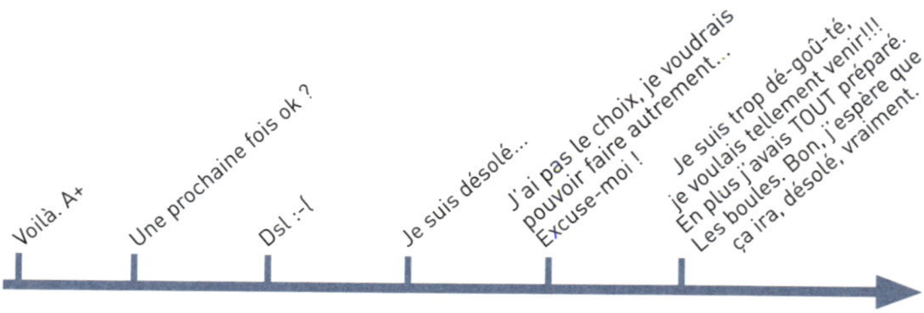

Illustration par quelques exemples :

FÊTE ENTRE AMIS :

Impact sur l'événement : faible
Risque qu'on dise du mal de vous : très élevé
= J'ai mal au ventre, je suis dégooooooutée de pas venir :-(Je voulais trop vous voir, snif. Profitez bien et trinquez à mon rétablissement! Promis, Ok ?

RÉUNION PROFESSIONNELLE :

Impact sur l'événement : très élevé
Risque qu'on dise du mal de vous : faible
= Ma mère vient de faire une crise cardiaque, je suis à l'hôpital. Je vous recontacte asap.

FÊTE FAMILIALE :

Impact sur l'événement : moyen
Risque qu'on pense ou dise du mal de vous : moyen
= Je peux pas venir, j'ai du boulot! C'est nullll ! Gardez moi une part de gâteau !

PREMIER RENDEZ-VOUS AMOUREUX :

Impact sur l' événement : élevé
Risque qu'on pense ou dise du mal de vous : faible
= Mon ballon d'eau a pété dans la nuit, je suis désolé mais je dois attendre le plombier... On peut remettre à mardi stp ?

ANNULER UN RENDEZ-VOUS POUR LA SECONDE FOIS

Après un premier désistement, vous souhaitez ré-annuler un rendez-vous. Vrai empêchement ou désintérêt persistant, vous allez décevoir et c'est embêtant car comme tout un chacun, vous voulez qu'on vous aime. Soyez stratégique, donnez-vous vous-même les coups avant qu'on le fasse pour vous. Faites preuve de repentir et soulignez avec insistance l'indélicatesse de votre défilement : « **Putain, je suis trop con. Mais vraiment TROP con ! A croire que je le fais exprès, je te jure : je viens de réaliser que ce soir j'avais encore une réunion... :-(** ».

ANNULER UN RENDEZ-VOUS POUR LA ÉNIÈME FOIS

Lorsque vous invoquez une excuse, même très bonne, pour annuler un rendez-vous, une part de suspicion persiste. Avec les annulations successives, cette part de scepticisme grossit jusqu'à ne plus laisser la moindre chance à vos « J'ai du boulot à terminer » et autres « Je dois garder le chien de ma mère, désolé ». Ainsi, au bout de la troisième annulation, il est mathématiquement prouvé que quoi que vous puissiez dire, vous ne serez plus crédible. En clair, n'annulez pas une troisième fois ou passez pour un con. Un gros con.

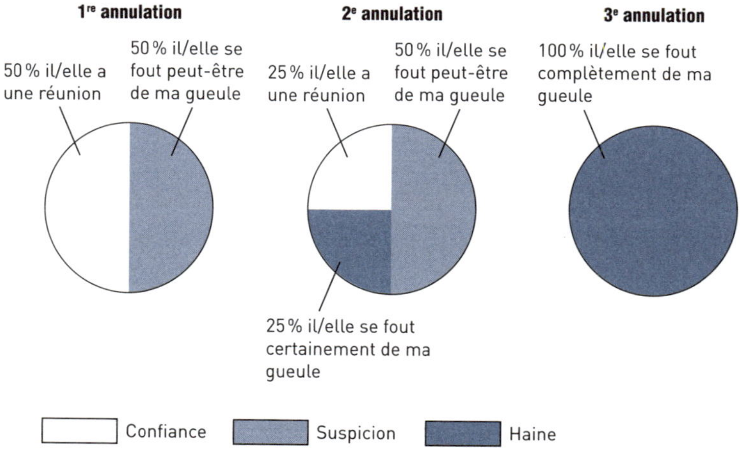

ANNULER UN RENDEZ-VOUS AU DERNIER MOMENT

Il est 19 h 48, vous avez rendez-vous à 20 h 00 et il vous reste encore à : prendre une douche, vous habiller, manger un truc, rentrer dans votre voiture, rouler 18 km, chercher une place et trouver finalement une excellente excuse pour ne pas venir à ce dîner qui vous emmerde. À ce stade, évoquez un facteur extérieur, à l'impact implacable et parfaitement soudain : « **Je me suis fait attaquer par des loups. Je vais bien mais je dois aller à la police pour porter plainte. Bisou** ».

ANNONCER UN RETARD

Parce qu'un lit est toujours trop confortable, un dossier toujours trop important ou un taxi toujours trop lent, vous êtes en retard. Adaptez votre message à votre manque de ponctualité :

Entre 5 et 10 minutes, temps estimé pour la consommation raisonnable d'une cigarette et la consultation passive d'une page Facebook, ignorez purement et simplement votre retard :

- Prétendez être à l'heure en arrivant et si c'est un lieu public assez grand pour semer le doute, osez dès maintenant un : « **Je suis là !! T'es oùùù ?** »

Entre 10 et 30 minutes, pour réduire l'agacement qui commence à naître chez celui qui vous attend, apportez des détails géolocalisants et invoquez des problèmes mineurs ne relevant jamais de votre responsabilité.

- Signalez un problème de transport : « **Le métro est bloqué mais ça devrait reprendre d'ici pas longtemps** » et ajoutez des marques d'agacement pour attirer la compassion : « **y'a un clodo à côté de moi qui insulte tout le monde AU SECOURS !** ».

À partir de 30 minutes, seuil de tolérance maximum chez la plupart des gens seuls, accusez nommément un tiers en rejetant sur lui l'entière responsabilité de votre retard.

- Jouez la carte de l'altruisme, cultivez une image de personne généreuse et prévenante : « **Ma petite sœur est rentrée en larmes. J'ai dû la consoler un peu, je ne pouvais pas la laisser comme ça... Désolé, je suis en route là !** » ou jouez celle de la haine, ayez l'air le plus excédé d'entre tous et affirmez en vouloir à celui qui vous a mis en retard : « **Mon boss m'a pas lâché. Putain il a fallu qu'il choisisse CE SOIR pour me parler de ses problèmes de fiscalité ! JE RÊVE ! J'ai cru que j'allais l'insulter.** » Faites naître un sentiment d'exaspération commun.

Au-delà d'une heure, temps d'attente excessif entraînant la perte de tous repères, mentez effrontément.

- Attendez d'être sur place, lancez alors un intrépide « **Bah t'es où ?? :-)** » puis accusez l'autre d'avoir mal compris l'heure du rendez-vous.

RÉAGIR FACE AU RETARD D'UN TIERS

On vous fait attendre et c'est inacceptable. Votre rendez-vous doit apprendre qu'avec vous, être à l'heure, c'est déjà être en retard. Trouvez un divertissement d'appoint et sévissez immédiatement :

- À votre conjoint, répondez « **Pas de problème par contre dépêche-toi, j'ai bientôt plus de batterie** » et ajoutez si possible une information anxiogène telle « **un mec bizarre n'arrête pas de me regarder** » ou encore « **je t'attends dans le salon de tresses africaines** ».
- À une connaissance, répondez juste « **ok** », partez faire un tour, passez un coup de fil ou lancez-vous dans une activité quelconque et lorsqu'elle arrive, faites-la patientez. Longtemps.
- À n'importe qui de souvent en retard, répondez juste « **Être en retard, c'est l'histoire de ta vie.** » et opérez comme précédemment exposé (1er ou 2nd tiret).

Psychanalyse de l'attente :

Vous êtes en retard
> sentiments de celui que vous faites attendre :

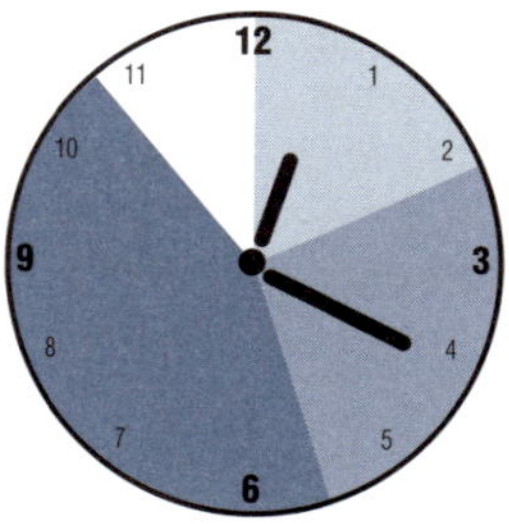

0 à 10 minutes : bienveillance, patience

10 à 30 minutes : impatience, agacement

30 à 60 minutes : haine

Plus de 60 minutes : processus d'apaisement spontané, détachement de l'esprit

Vous êtes à l'heure
> sentiments chez vous lorsqu'on vous fait attendre :

0 à 10 minutes : impatience, agacement

Plus de 10 minutes : haine, manque de respect

GESTION DES RELATIONS

PRENDRE DES NOUVELLES

Parce que connaître un maximum de gens vous assurera opportunités professionnelles, intellectuelles, festives et sexuelles, parce que l'amitié, c'est plus fort que tout et parce que vous pourriez avoir besoin de gens le jour de votre déménagement, mariage ou enterrement, prenez soin de vos contacts et ménagez en particulier les plus précieux d'entre eux (profession utile, jouissance d'une maison de vacances, proximité du domicile, disponibilité aux heures creuses, etc.)
Si appeler quelqu'un peut sembler trop direct, surtout après un long silence, le SMS est heureusement parfaitement indiqué. Court, simple, léger, il est le moyen idéal de renouer contact sans risquer de déranger. Évitez les approches trop frontales de type « Bonjour ! Comment vas-tu depuis le lycée ? Je pense que vous pourrions redevenir amis maintenant que j'ai perdu 15 kg et que j'ai une voiture 5 portes » et préférez la spontanéité d'un « **Hé ! Je rêve ou je viens de te voir sous un arrêt de bus avec un bébé ?** ». Normalement, votre interlocuteur répondra quelque chose comme « **?** », ce à quoi vous répondrez « **J'ai cru voir ton sosie, c'est fou** », ce à quoi il répondra quelque chose comme « **lol** », ceux à quoi vous répondrez « **au fait, que deviens-tu ?** ». Tact et efficacité.

SOUHAITER UNE BONNE ANNÉE

Cet acte pourrait vous paraître commun voire désuet pourtant il reste LE meilleur moyen d'entretenir ses relations (un SMS annuel suffit à considérer un contact téléphonique comme une relation). Il ne trahit aucune intention et prouve une sympathie neutre et non intrusive à l'égard de votre correspondant. Envoyez au plus grand nombre « **Bonne année !!!** » en adaptant juste l'heure d'envoi à votre degré d'amitié.

- À minuit pile : aux gens les plus proches (5 personnes maximum), pour leur montrer qu'ils passent avant les Black Eyed Peas. I goottttaaa feeelinggg whouuu houuuuu....
- Entre 0h30 et 2h : aux amis moins proches, pour leur montrer que vous pensez à eux mais qu'ils passent quand même après les Black Eyed Peas. That tonight's gonna be a good niiiight....
- À 3h18 : à ceux qui vous ont envoyé leurs vœux et que vous aviez oubliés.
- Après 5h du matin : à personne, tout le monde dort ou est trop bourré pour retrouver son téléphone.
- Entre le 1er et 4 janvier : à tous vos contacts plus formels (famille éloignée, collègues).
- Après le 4 janvier : à personne, c'est trop tard. Rattrapez-vous au téléphone ou de visu « Oh, Thierry ! Au fait, bonne année ! ».

CÉLÉBRER UN ANNIVERSAIRE

« **Joyeux anniversaire !** » L'un de vos proches prend de l'âge et c'est l'occasion de lui montrer que vous n'avez pas oublié cette date importante. Si la formule est toute trouvée, reste à savoir quand et comment bien l'appliquer :
> Si vous êtes son jumeau possessif, envoyez un SMS à minuit pile. Vous serez le premier à y avoir pensé, le number one de l'amitié, le mousquetaire du texto d'anniversaire et ferez une fois de plus la démonstration que vous et lui, c'est pour la vie. 4ever dans la roche.
> Si vous êtes n'importe qui d'autre, envoyez un SMS dans la journée et doublez l'effort d'un coup de fil s'il s'agit d'un parent âgé (possibilité de retour financier sur investissement-temps le jour de VOTRE anniversaire : billets, chèques, louis d'or).

CÉLÉBRER UN ANNIVERSAIRE 5 JOURS TROP TARD

Nous sommes le 22 et vous venez de réaliser que l'anniversaire d'une de vos connaissances était le 17.
> C'est votre conjoint : Notez que plus encore que votre oubli, le fait que 5 jours se soient passés sans que vous vous soyez fait incendier révèle un malaise inquiétant... Consultez les pages 34 et 65 de ce manuel.

> C'est un ami : Ne culpabilisez pas. S'il avait été proche de vous et socialement convoité, nul doute qu'une fête vous aurait rappelé la date de son anniversaire. La vie est ainsi faite, sur certains individus le temps passe dans l'indifférence la plus totale et ils mourront sans que personne ne puisse se rappeler leur prénom. Envoyez juste « **Bon anniversaire en retard ;-)** ».

DÉCLINER UNE INVITATION

On vous a invité à un événement et vous souhaitez refuser. Quelle que soit la raison de votre refus, soyez toujours déçu de devoir décliner et évoquez systématiquement des obligations majeures face auxquelles votre interlocuteur ne se sentira pas diminué. À un « Ecoute, ton dîner entre ami m'emmerde comme une retransmission de patinage artistique et ce soir je préfère aller chez ma meilleure copine Sophie », préférez un plus habile « **Nannn ! J'aurais adoré mais ça tombe pile le soir de ma réunion de syndic où je suis obligé d'aller sinon ils vont voter pour du carrelage violet dans le hall d'entrée!** ». Le lendemain, donnez des nouvelles « **Alors c'était sympa ? Finalement nous, on a choisi saumon marbré** ».

PARLER À UN EX

Un ex-amant est une option flatteuse et émoustillante qu'il faut savoir mettre de côté sans complètement l'oublier. Un peu comme un plat de lasagnes : si vous n'avez plus faim un jour, cela ne veut pas dire que vous ne voudrez jamais en remanger, donc conservez-le soigneusement sous le film plastique de l'amitié passée.
Envoyez un SMS uniquement pour la nouvelle année (suspicion de SMS groupé = message ne lui étant potentiellement pas directement destiné) et s'il cherche à vous contacter, ne vous montrez pas trop disponible, répondez toujours avec quelques heures de retard (mise en attente = suspicion de vie riche et active) et sur un ton enjoué (bonheur affiché = ma vie va très bien sans toi, je suis une personne attractive, tu fus bien mal inspiré de me quitter).

Mise en situation :

« Salut toi, comment vas-tu depuis le temps ? »

- « Je t'aime, tu m'appartiens » = manque de retenue, dépendance affective, attrait faible
- « Rien de spécial et toi... » = manque d'attractivité, dépression, attrait faible
- (2h d'attente) « **Hé! Ca va super ! Et toi ?** » = détachement, indisponibilité sociale, attractivité forte

GESTION DES AMOURS

FAIRE LE PREMIER PAS

IMPORTANT : En dévoilant votre intérêt pour un tiers sans être sûr de la réciprocité de ses sentiments, vous prenez le risque de vous faire humilier. Faire le premier pas est une mauvaise idée.

Toute la difficulté, lorsque vous envoyez un premier texto, est de paraître engageant sans trop en faire. Au jeu de l'amour, les plus timides finissent puceaux et les plus entreprenants contractent des MST, aussi montrez-vous mesuré.

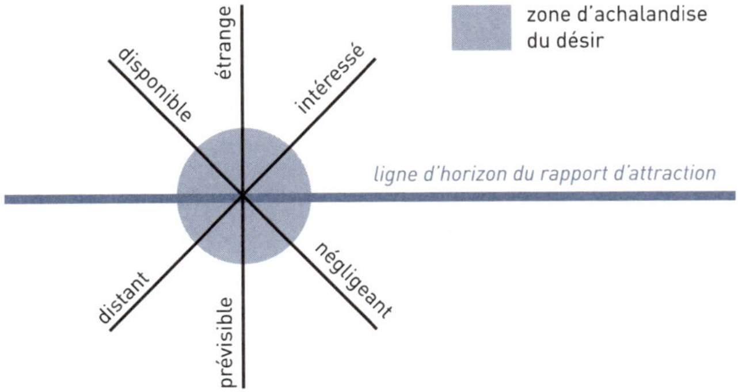

Dans la mesure du possible, soyez simplement amusant et misez sur une phrase courte qui fait référence à un élément commun (travail, discussion, ami). Celle-ci doit être spontanée, contre-intuitive (c'est-à-dire pas trop cramée) et de préférence interrogative afin d'appeler une réponse.

Lancez par exemple un « **Après tout, pourquoi dans Koh Lanta ils ne mangeraient pas les perdants ?** » et ouvrez un dialogue chaleureux et direct sur le cannibalisme, la malnutrition, la loyauté, le dépassement de soi, les tropiques, les vacances, les coups de soleil, le sexe en groupe... Que vous proposerez de poursuivre naturellement autour d'un café. Bim !

Notez qu'un SMS aura plus de chance de trouver réponse en soirée. Privilégiez les moments pendant lesquels votre interlocuteur ne risque pas d'être en train de dîner, travailler, vomir, dormir ou se faire tâter les parties molles dans la rame 8 h 15 du RER B : le dimanche vers 18 h 30 ou du lundi au jeudi vers 21 h.

PROPOSER UN PREMIER RENDEZ-VOUS

Vous êtes en confiance et pensez qu'il est temps de passer à l'étape mojito-cacahuètes ? Aucun problème. Envoyez une invitation courte et légère sous forme de suggestion désintéressée (pas de point d'interrogation) : « **Faudrait qu'on se prenne un verre un de ces 4 !** ». Faites ensuite en sorte que ce soit votre interlocuteur qui propose le jour et l'horaire « **Non, dis-moi plutôt quand toi tu serais dispo** ». L'idée de le laisser décider de tout a plusieurs intérêts : ce rendez-vous devient son idée, sa responsabilité, son envie et vous n'avez pas à dévoiler la tristesse de votre agenda (« c'est quand tu veux, mardi soir j'ai karaté mais sinon je suis dispo tous les jours à partir de 18 h et le week-end en entier »).

DÉCLARER SA FLAMME

Dire à l'autre qu'on l'aime est une étape importante dans une relation et le texto est un moyen idéal pour qui a peur de sauter le pas. Ne vous en privez pas, et après un délai raisonnable de 1 à 1 000 jours, lancez-vous dans la plus ultime déclaration qui soit. Ici, tout est question de rythme, nous vous conseillons d'avancer pas à pas :

1. Commencez mollement mais sûrement avec un poignant « **tu me manques** ».
2. Sans trop attendre, enchaînez par un « **je crois que je t'aime bien :-)** » riche en sous-entendus et sympathique à la fois (smiley).

3. Quelque temps plus tard, surenchérissez d'un «**je t'adore mon petit chat**» qui prépare le terrain et introduit au passage les surnoms animaliers.
4. Donnez enfin le coup fatal avec «**Jtaim**» dont la forme un peu bâclée a le mérite de sauvegarder un peu votre dignité.

Logiquement, votre correspondant devra répondre « moi aussi », mais gardez la tête froide car, comme dit ma mère, « on naît seul, on vit seul, on meurt seul ». Bon courage.

SAVOIR DIRE « JE T'AIME »

Ainsi que nous le démontrions dans un précédent chapitre, exprimer une idée peut se faire de bien des façons. Pour dire « je t'aime », vous avez donc plusieurs solutions :

	Forme empruntée	**Sens caché**
JTM	hyper abréviation	timidité, banalisation, modère le propos
Ti amo	italien	origines méditerranéennes, romantisme en carton
JE T'AIMMMME	cri	envie de crier, trop plein d'amour
Je t'Aime.	majuscule + point	grand amour, dramaturgie
Je t'aime Je t'aime Je t'aime	répétition	volonté d'hypnotiser son conjoint
Je t'aime (à 4h du matin)	texto somnambule	état amoureux, travail de nuit
Je t'aime plus que tout	phrase à rallonge	dépendance, fragilité psychologique

FAIRE DES AVANCES SEXUELLES

Meilleure invention après la machine à couper le jambon, le sexto (SMS coquin) vient à la rescousse des libidos les plus chaudes et des couples les plus tristes. En la matière, pas ou peu de limite si ce n'est celle de votre imagination et de la moralité de votre correspondant. Quelques conseils tout de même :
Soyer imprévisible : « **Je suis dur** »
Soyez inventif : « **Je suis dur comme du bois** »
Soyez poétique : « **Je suis dur comme un gros bout de bois** »

Enfin, soyez vigilant car un sexto envoyé au mauvais correspondant, c'est toujours un peu gênant...

ROMPRE

Des études scientifiques ont prouvé que rompre par SMS faisait de vous un connard mais pire encore, elles ont démontré que ces ruptures sont statistiquement peu convaincantes. En d'autres termes, vous passez pour un con et il ou elle continue de vous appeler. Oubliez l'idée.

Impact efficacité des différents moyens d'annonce de rupture

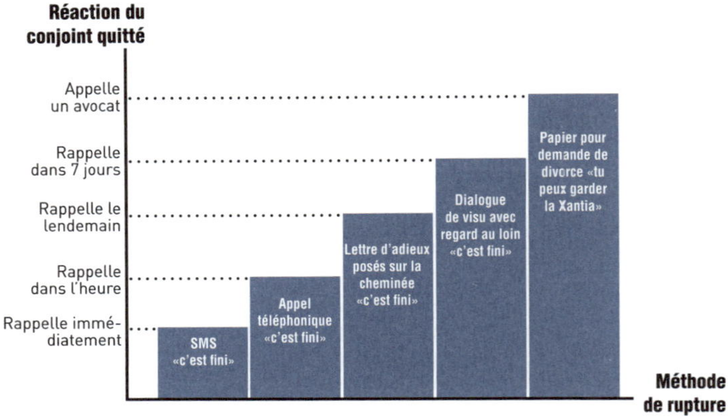

SAVOIR À QUEL ÂGE TU AURAS TON PREMIER ENFANT

Voici un sujet d'inquiétude majeure : à quel âge deviendrez-vous parent, troquant votre liberté et votre douce insouciance pour 3 packs de couches et des nuits blanches ?
> Si vous avez moins de 18 ans, envoyez « BEBE » au 81212, prenez rendez-vous au planning familial le plus proche et faites-vous prescrire la pilule d'urgence.
> Si vous avez entre 18 et 30 ans, faites un tour sur les forums Internet consacrés à l'épisiotomie et tapez vergetures sur Google image.
> Si vous avez plus de 35 ans, arrêtez la contraception, achetez-vous des jupes courtes, proposez à un collègue divorcé de prendre un petit verre après le boulot et commandez directement une bouteille de vin blanc.

RENCONTRER UNE COUGAR BIEN CHAUDE DANS TA RÉGION

Elles s'appellent Liliane, Valérie, Marie-José ou GrossChode78 et, à plus de 50 ans, elles ont décidé de s'amuser un peu. Ménopausées mais généreusement lubrifiées, elles recherchent des petits jeunes endurants pour des relations câlines, discrètes et sans tabou. Pour les contacter et finir sur Youporn avec une crampe au bras et un dépassement de forfait, envoyez « MAMAN » au 81212. Pour obtenir une relation suivie avec une femme d'âge mur et avoir une perspective de rapports sexuels gratuits et consentis, inscrivez-vous à un cours de cuisine, achetez-vous un caban gris et laissez entendre que vous aimez les chats, le thé, Guillaume Musso et les enfants, y compris ceux des autres.

GESTION DES PROBLÈMES

DEMANDER UN (GROS) SERVICE

Baby-sitting de dernière minute, hébergement gratuit, corvée de bricolage : il est l'heure pour vos proches de prouver leur dévouement. Soyez tactique, envoyez en premier lieu une question courte qui met votre interlocuteur face à son propre honneur : « **Je peux te demander un petit service ?** ». Formulez ensuite votre requête sous forme de récit tragique. Évitez les phrases interrogatives et misez plutôt sur un décor triste duquel votre interlocuteur pourrait devenir le héros : « **Mes parents sont malades, ils m'ont offert un billet pour aller voir, toute seule, Christophe Mae en catégorie 5 mais j'ai personne pour garder mon pauvre petit Théo qui fait une otite...** ». Une fois le service accordé ou semi-accordé (demande de renseignements techniques), ne contenez pas votre enthousiasme et refermez immédiatement le piège sur votre victime : « **Oh tu me sauves là, je t'oblige pas mais vraiment merci, merci, MERCI !** ».

DEMANDER LE REMBOURSEMENT D'UNE DETTE

Réclamer de l'argent n'est pas chose facile, c'est d'ailleurs, d'ordinaire, une tâche réservée aux spécialistes (huissiers munis de policiers, mafieux munis de silencieux, gitans munis de barres de fer). Pour arriver à vos fins, pas d'autre alternative que l'intimidation. À un trop docile « Hello, j'espère que tu vas bien? Dis, c'est pas urgent mais tu pourras me rendre mon argent dans pas trop longtemps tu penses ? », préférez un inflexible « **Tu me dois toujours 45 €; Le mois prochain je viens me rembourser directement chez toi avec mon oncle et ses chiens** ». Normalement la menace passera pour de l'humour mais le message, lui, sera clair et on vous remboursera dans les 15 jours. Si ce n'est pas le cas, appelez votre oncle et louez des chiens.

HARCELER UN INDIVIDU

Si le fait de tourmenter un tiers demeure à vos yeux une activité épanouissante, légalement, cela reste un acte condamnable. Qu'en substance vous souhaitiez dire « je t'aime », « reviens »,

« je te hais » ou « espèce de grosse salope, je vais t'apprendre à me piquer mon mec », ce livre ne vous donnera aucun conseil qui puisse l'impliquer comme complice aux yeux d'un représentant de la justice. Nous vous invitons plutôt à prendre un thé et méditer sur cette citation du maître chinois Lao Tseu « Celui qui parle beaucoup est souvent réduit au silence ». Les chinois nous enterreront tous.

RATTRAPER UNE ERREUR DE DESTINATAIRE

Envoyer un texto à la mauvaise personne est une erreur terrible qui fait chaque jour plusieurs milliers de victimes. Réagissez.

PROPOS NEUTRES : « D'accord, j'suis au poney ! »
Votre correspondant ne comprend pas tout, mais peu importe car ça ne le concerne pas et il en déduit que vous vous êtes probablement trompé. Excusez-vous : « Désolé, je me suis trompé » et repartez galoper sur votre fière monture.

PROPOS FAMILIERS : « Yo ! Ça gaz ? »
Votre correspondant ne comprend pas pourquoi tant de familiarité et en déduit que vous vous êtes probablement trompé. Excusez-vous : « Désolé, je me suis trompé » et allez user vos expressions ringardes auprès de quelqu'un d'autre.

PROPOS HUMILIANTS : « J'arrête pas de péter depuis la raclette »
Votre correspondant comprend que vous vous êtes trompé et que surtout vous venez de vous auto-humilier. Prenez un air amusé et indiquez : « LOL, je me suis trompé ! Désolé ! ».

PROPOS SEXUELS : « J'adore quand tu me baises dans la Kangoo »
Votre correspondant a peur de comprendre. Prétendez qu'on a piraté votre portable et indiquez de manière informative : « Désolé, ce téléphone était dans les mains d'une personne mal attentionnée ! ».

PROPOS INSULTANTS : « Franchement Soraya elle trouvera jamais de mec avec un cul pareil ».
Votre correspondant comprend qu'il a un gros cul. Ramez vers l'impossible, prétendez que : « Désolé, je parlais d'une autre Soraya » ou ressortez la carte on a piraté mon portable et indiquez de manière informative « Désolé, mon frère s'amuse avec mon téléphone ».

MESSAGES REÇUS

APPROCHES ET PREMIERS PAS

Ça va ?

Un proche vous invite à faire le point sur votre vie. Est-ce qu'au fond, ça va ? Vaste introspection en perspective :

> À un ami, répondez honnêtement mais tâchez de toujours rester politiquement attractif et prévenant : « **Non, mon nouveau boss est un connard et il porte des cravates trop larges. Tu fais quoi?** »
> À une connaissance, contentez-vous de la politesse attendue, il est évident que votre interlocuteur se fout complètement de votre état : « **Oui et toi?** »

Tu dors ?

Un proche qui visiblement ne travaille pas demain tente d'amorcer une conversation nocturne. Deux choses :
- on sait qu'à 0 h 20 vous êtes potentiellement disposé à répondre aux SMS.
- une conversation tardive est souvent synonyme de rapprochements et confidences.
Il y a une bonne et une mauvaise nouvelle. À vous de les reconnaître et, en conséquence, de répondre, ou pas.

Salut, j'ai trouvé ce numéro et j'sais pas à qui il est... T'es qui ?

Une personne feint de ne pas vous (re)connaître afin de mieux reprendre contact avec vous, ceci à des fins probablement sexuelles. Ne vous lancez pas dans une réponse directe de type « Je m'appelle Pascal, j'habite à Meaux et j'aime la natation ». Si une opportunité sexuelle vous intéresse, entrez plutôt dans son jeu en répondant « **ET TOI T'ES QUI ???** » ou bien ignorez-la et elle se rabattra sur une autre proie de l'annuaire.

Bonjour vous avez cherché à me joindre ?

Une personne a vu votre appel en absence mais, faute d'avoir votre contact dans son répertoire, elle ne vous identifie pas. Timide et socialement peu convoitée, elle se lance héroïquement dans une enquête afin de remonter à vous et pouvoir entretenir cette conversation téléphonique manquée. Rappelez-la. Ou pas.

Tu m'appelles ?

L'un de vos contacts est pauvre (forfait à carte) ou radin (forfait dépassé) et il compte sur vous pour financer l'échange téléphonique qu'il attend. Si c'est un enfant, rappelez-le sans broncher, sinon, faites-le patienter 1 à 2 minutes. Suspendu entre ennui et agacement, votre correspondant prendra peut-être le temps de trouver un emploi, du crédit et qui sait, peut-être même une leçon de savoir-vivre.

Je te rappelle

Quelqu'un compte vous rappeler dans un futur plus ou moins proche. Qu'il soit en réunion, en voiture, en train de remuer une blanquette ou concentré à faire caca, il y a plusieurs bonnes nouvelles :

1/ il va vous rappeler quand il sera mieux disposé à le faire = gain qualitatif.

2/ la conversation téléphonique se fera à ses frais = gain financier.

3/ il a pris le temps de vous informer, preuve qu'il a du respect à votre égard = gain psychologique.

Réjouissez-vous et attendez son coup de fil.

Bonjour. Je suis en réunion. Rappelez-moi plus tard s'il vous plaît.

Votre amie Claire que vous avez rencontrée dans un bac à sable il y a une quinzaine d'année se met à vous vouvoyer. L'emploi de majuscules et d'une ponctuation zélée ne trompent pas : vous êtes face à un SMS de renvoi automatique. C'est vexant. Menacez votre correspondante : « **J'ai des photos de toi en jogging vert fabriquant du sable doux. Tu as 10 minutes pour me rappeler** ».

Salut ma belle, ça fait longtemps... Quoi de neuf ?

Quelqu'un prend de vos nouvelles après un long silence. C'est suspect, surtout lorsqu'on commence avec un compliment (ma belle) et qu'on finit avec une formule banale et peu concernée (quoi de neuf)... Après avoir abattu les cartes Sincérité et Nostalgie, la personne en viendra rapidement à ce qui l'intéresse vraiment, à savoir retirer de vous un plaisir ou un service :
> vous annoncer qu'elle va se marier et que son mec travaille dans la finance = amie d'enfance enfin venue à bout de ses complexes et désireuse de vous faire payer son adolescence de merde.
> vous proposer un rencard « en souvenir du bon vieux temps » = ex en pleine traversée du désert sentimental et désireux de faire de vous son oasis sexuelle.
> vous demander le mail de votre cousine qui bosse aux RH chez LVMH = connaissance lointaine qui a prétendu avoir le bras long alors qu'en fait, non.
> vous réclamer les coffrets Friends que vous lui aviez empruntés en 2004 quand on regardait encore des séries sur DVD = pote névrosé.
Si vous souhaitez lui répondre, faites-le en toute suspicion et préparez vos munitions de mensonges pour prévenir ou rembarrer les attaques dont vous pourriez faire l'objet.

Ça te dirait de prendre un verre ?

Variante plus directe du SMS précédent, votre interlocuteur souhaite vous retrouver pour un moment privilégié. Méfiez-vous, le rendez-vous physique induit une attente encore plus importante de sa part.
- Si vous acceptez volontiers, répondez sans trop d'enthousiasme et en lui laissant la main « **Oui pourquoi pas ! Tu serais libre quand ?** »
- Si vous hésitez, proposez un rendez-vous dans plus d'une semaine pour vous laisser l'opportunité d'annuler pour cause d'imprévu imaginaire «**Cette semaine c'est compliqué mais à partir du 15, oui, ça devrait aller**» puis « **Ok pour le 17 mais je te reconfirme ça dimanche**».
- Si vous souhaitez refuser, surjouez l'emballement, envoyez des informations floues et proposez de le recontacter «**Ça serait génialll !!! Quand tu veux ! Cette semaine j'ai trop de boulot mais je te recontacte à partir du mois prochain**».

Piscine cet après-midi ?

Un proche vous convie à une activité sportive. Évitez le refus brutal ou les excuses décevantes, et proposez plutôt une activité de plein air en remplacement, tout aussi attractive mais moins fatigante : « **J'ai plutôt envie de prendre l'air... Un petit rosé en terrasse ?** ». S'il insiste, évoquez un traumatisme physique indiscutable (entorse, règles, verrues plantaires).

Salut princess, c'est Karim l'homme de ta vie. Je te manque déjà je pari !

L'homme de votre vie qui a obtenu, à l'usure, votre numéro de téléphone dans une soirée vous recontacte. Continuez à ricaner à ses flatteries « **Nonnn pas du tout lol** » et il sera bientôt entre vos cuisses... Ou calmez ce dragueur de manière ferme et définitive : « **Orange vous informe que le numéro demandé n'est pas attribué.** »

RENDEZ-VOUS

t'es où?

Une personne souhaite connaître votre position géographique. Elle vous cherche, vous attend ou craint d'avoir à le faire ; elle devient nerveuse.
Rassurez-la en lui indiquant votre situation exacte, cela lui permettra de se faire une idée précise du chemin qu'il vous reste à parcourir pour la rejoindre: « **Dans la rue** », « **Dans l'ascenseur** », « **Dans le métro** », « **Dans ton cul** ».

T OUUUU ????????

Vous êtes en retard. Répondez quelque chose qui permettra à votre correspondant de vous attendre plus sereinement : « **J'arrive dans 20 minutes mais sache que, bien plus qu'un ami, tu es comme un frère pour moi** ». Ou mieux encore, si son niveau d'empathie naturelle le permet, faites-le culpabiliser : « **Je me suis perdue alors j'ai couru mais je suis tombée et on a tenté de m'agresser mais ça va, ne t'inquiète pas, j'arrive** ».

t'y vas toi à la fête de Serge ?

Une personne ne souhaite se rendre à « la fête de Serge » qu'à la condition de votre présence. Vous avez son destin entre vos mains. Répondez que « **NON TROP PAS** » et elle n'ira pas, ou répondez que « **OUI ÇA VA ÊTRE TROP SYMPA** » et elle ira. Dans tous les cas, demandez-vous surtout si une fête tenue par un homme qui s'appelle Serge est vraiment un projet viable...

tu fais quoi ce soir ?

Un ami se rend compte un peu tard que ce soir il est seul et sans projet. Il tente sa chance auprès de vous. Le week-end avant 18 h, rappelez-le. Le week-end après 18 h, répondez-lui par écrit. En semaine quelle que soit l'heure, ne lui répondez pas à moins qu'un rapport sexuel et/ou l'écoute des épanchements d'un dépressif ne vous rebutent pas.

Y aura qui ce soir ?

Un ami hésite entre vous rejoindre à une soirée et rester chez lui à manger des farfalles devant un bon DVD. À l'heure du repas, les chances pour qu'il reste chez lui dépassent les 50 % et cette statistique augmente autant que le thermomètre descend. Le seul moyen pour qu'il accepte de sortir est de faire planer sur lui la menace qu'il puisse se sentir exclu. Agitez-lui la promesse d'une bonne soirée, le genre qu'on tagge et qu'il vaut mieux ne pas rater : « **Tout le monde est motivé !** ».

13 h 35 devant la boutique Colette ?

Vous avez rendez-vous avec quelqu'un qui aime les choses carrées et organisées. Il propose un point de rencontre et un horaire précis afin de rassurer sa nature stressée. Dites-lui « **Ok !** ». De toute façon, ça ne vous empêchera pas d'arriver en retard et de l'appeler à 13 h 45 pour demander « **Au fait, c'est où Paulette ?** »...

T'arrives à quelle heure ?

Vous êtes attendu par un proche. Il ou elle souhaite connaître votre heure exacte d'arrivée afin d'amoindrir son angoisse et d'évaluer la faisabilité de certains projets personnels. Répondez-lui : « **16h30** » et arrivez à 16 h 35, ça lui laissera le temps d'aérer ses WC.

Je me sens trop naze, je vais rester chez moi, désolé.

Ce soir, il y a Danse avec les stars à la télé. Jouez le jeu « **pas de problème, repose-toi bien :-)** », mais trouvez-vous vite de nouveaux amis qui, eux, ne rechignent pas à bouger leur cul du canapé - autrement dit, qui ne soient ni gros, ni dépressifs, ni en couple, ni fans de Vincent Cerutti.

Merci pour cette soirée !

Un proche est rentré chez lui avec le cœur empli de sympathie à votre égard et il voit désormais en vous un ami plus estimable. Si vous manquez de copains, répondez juste « **:-)** » et proposez lui dès le lendemain de prendre un café.

Merci pour cette délicieuse soirée...

Un proche est rentré chez lui avec l'appareil génital encore sensible à votre égard et il voit désormais en vous un partenaire potentiellement régulier. Si vous partagez son impression, répondez-lui avec sensualité : « **Ce fut un plaisir...** » et proposez-lui dès le lendemain de reprendre son pied.

AU QUOTIDIEN

Je suis coincé au bureau, ne m'attends pas pour dîner

Votre conjoint vous annonce que, débordé par son travail, ce soir il rentrera anormalement tard au foyer. Trois possibilités :
A/ il a vraiment beaucoup de travail et est fier de se surpasser.
B/ il se tape une fille qui s'appelle Odile parce qu'elle lui fait ce que vous lui refusez.
C/ il part se saouler avec un collègue marié qui partage ses envies de liberté.
Répondez-lui quelque chose de réconfortant : « Mon pauvre chaton... Je te garde une part de lasagne », et réglez les problèmes B et C par précaution : acceptez la sodomie et proposez des vacances en Argentine ou au Touquet, selon budget.

Tu peux me prendre des clopes ?

Un proche sous l'emprise de la drogue craint de se retrouver en manque. Soyez complice de son vice, des buralistes chinois et de toute l'industrie du tabac en répondant « **Oué, tu veux quoi ?** », ou dites non à la drogue et à ses dramatiques conséquences, en prétendant ne pas pouvoir l'aider « **C'est fermé!** » ou encore « **Désolé, j'ai pas de monnaie!** ».

Il n'y a plus de pain. Tu peux prendre aussi du jambon ?

Encouragé par votre proximité immédiate ou à venir avec un Monoprix, un proche qui partage votre logis vous commande de lui rapporter des denrées alimentaires. Avec son air de rendre service (je t'informe que tu n'as plus de pain) et de suggérer, il vous traite comme un domestique, sorte d'assistant frigo qu'on paierait en chèque emploi-service et qui se commanderait d'une seule touche sur le smartphone. C'est agaçant mais rapportez quand même du pain et du jambon, vous ferez de savoureux sandwichs. Au fait, est-ce qu'il reste du beurre ?

Honnêtement, ça se voit que j'ai grossi ?

Une étude publiée par le Journal of Business Ethics a démontré que les mensonges par SMS étaient plus crédibles puisqu'à l'écrit, les signaux émotionnels ne sont pas visibles. Autrement dit, faites-vous plaisir : « **NON Troop paaaas, T'es follllllle !** ».

Hommage à toute les persones mortes lors du tremblement de terre à Haiti ...Si T'as un peut de coeur et du respect écrit ton prénom et fait transféré et meme si tu payes envoi le à tout ton répertoire ou au moins une bonne partie sinon tu perdras ton travail et ta maison.

L'un de vos proches fait suivre les chaînes par SMS. Pour le convaincre d'arrêter, soyez malin et employez une méthode personnalisée : « **Journée mondiale des abrutis. Envoie ce sms à tous les abrutis de ton répertoire ou ils continueront à t'envoyer des chaînes débiles par sms .** »

Bonne journée!

Vous venez de recevoir une formule de politesse de boulangerie. Si vous en attendiez plus (amant parti sans avoir acheté les croissants), ne répondez pas, sinon, répondez ce qu'on répond à la boulangère : « **pareillement !** ».

Marseille on t'encuuuuuule

Drogue, violence, ragoût de sardines et série télé peu convaincante : un ami vous fait part de son aversion envers la ville de Marseille. À moins que vous soyez attaché à la cité phocéenne et à son club de foot en particulier, renchérissez en faisant preuve d'inventivité : « **Patrick Fiorrriii, on t'encuuuuule aussi** ».

AU BOULOT

Rital ou chinois ?

Pour le déjeuner, on vous propose de choisir entre un restaurant qui sert des lasagnes surgelés ou un traiteur spécialisé dans la gastronomie asiatique au sens large du terme et les litchis en boîte. Le premier vous rendra gros(se), le second vous fera sentir la crevette. Réagissez, répondez : « **Cantine !** ».

Devine qui j'ai cramé EN PLEIN PLOTAGE avec Jean-Yvvvvvvves dans le parking !

Jean-Yves du commercial se tape Marie du marketing et comme si cette situation n'était pas assez sordide (il est chauve et elle porte des ballerines pointues), ils le font dans le parking. Répondez : « **NANNNNNNN !** » et suggérez vite une réunion extraordinaire : « **Pause clope MAINTENANT** ».

Excellente votre présentation de ce matin

Un collègue sensible à vos charmes transgresse la règle qui veut que pour parler travail, on utilise uniquement les moyens de communication professionnels, à savoir, le téléphone et les e-mails. En vous envoyant ce SMS flatteur et stérile à la fois, il pose une main sur la cuisse de votre probité. À vous de le décourager. Cassez l'ambiance grâce à un rustique et braillard : « **MERCI !** ».

J'en peux plus…

Un collègue songe à utiliser le coupe-papier contre ses collègues ou lui-même. Profitez de sa faiblesse pour abuser son esprit : « **Tu devrais venir au centre, nos prières collectives sont très purifiantes et je pourrais t'en dire davantage sur le message de Jéhovah** » ou détournez-le vers un projet dont vous pourrez retirer indirectement du profit : « **C'est peut-être le bon moment pour poser ta dém et ouvrir des chambres d'hôtes de luxe à Bali ?** ».

Pascal, nous n'avons plus de nouvelles depuis 3 semaines. Je sais que vous avez été arrêté par votre médecin mais comme vous étiez le seul chargé du projet NewCorp nous aurions besoin de savoir quand est ce que vous prévoyez de revenir au bureau. Nous avons tous très hâte de vous revoir parmi nous. Bon rétablissement et à bientôt.

Vous manquez à votre chef de service qui vous aurait viré depuis longtemps s'il n'avait pas eu peur du délégué syndical et de l'aberrante machination qui s'acharne contre lui et qu'on appelle Droit du Travail. Endormez-le en douceur : « **Merci pour votre soutien, vos encouragements me vont droit au cœur et cela compte beaucoup dans mon rétablissement. Je vois le docteur vendredi, j'espère arriver à le convaincre de me laisser revenir !** ». Ceci vous fera gagner quelques jours de répit week-end compris.

HISTOIRES D'AMOUR

je t'aime

Félicitations, vous venez de recevoir une déclaration d'amour.

> Si c'est la première fois, renvoyez la politesse à votre conjoint et fendez-vous d'un « **moi aussi** ». Vous pourrez ensuite vous contenter d'un petit cœur, « **<3** » - notez que ce symbole à la fois flou et facile est très apprécié des amoureux transis qui y voient une certaine poésie.

> Après un an de relation, étant entendu que vous vous aimez mais que la magie des beaux jours est partie avec les premiers pets au lit, ne répondez plus. Votre silence provoque le doute, le doute fait naître la jalousie et la jalousie ressuscite la passion. CQFD.

> Enfin, si vous ne partagez ni la vie, ni la couche, ni les sentiments de l'expéditeur du message, répondez par un habile et dissuasif « **Mon cousin travaille dans la police, laisse-moi tranquille** » et en cas de récidive, changez de numéro.

jtm

Votre conjoint ne s'ennuie pas ou plus à écrire « Je t'aime » en toutes lettres. Deux hypothèses :
- soit il a moins de 20 ans et c'est une philosophie de vie. Répondez : « **mi2** ».
- soit il en est à son 45 000e texto d'amour et commence juste à se fatiguer. Dans ce cas, organisez une soirée carré d'agneau en croûte de noix + nouvelle parure de lingerie et faites-le participer : « **On fait les courses à Vélizy2 samedi ?** ».

tu m'aimes ?

Une personne se sent suffisamment en confiance vis-à-vis de vous pour exiger une déclaration d'amour. Notez que sa demande traduit également un manque manifeste de confiance personnelle : besoin d'être rassuré, besoin d'être aimé, besoin de se l'entendre dire, de le lire, besoin de voir un psy. Répondez avec autant de niaiserie que nécessaire si cela vous soulage : « **Troooopp mon petit cœur ALALALA tu sais que j'peux pas vivre sans toi** » ou préférez une réponse froide et stratégique si de votre côté, vous attendez aussi qu'on vous dise certaines choses : « **Oui mais j'aime aussi quand on m'offre des fleurs** ». Coincez votre correspondant à son propre piège !

tu me manques

Votre conjoint s'ennuie et pense soudainement à vous. Il préférerait être en votre compagnie et attire votre attention sur ce point. Ce message attend une réponse immédiate mais attention, à l'exception du contexte particulier qu'est la rupture amoureuse, il est moins fait pour vous toucher que pour tromper l'ennui de celui qui l'écrit... Évitez la réponse trop courte et très attendue qu'est « toi aussi » et proposez plutôt un aussi généreux que mensonger « **Je n'arrête pas de penser à toi depuis ce matin, tu me rends fou** » ou mieux encore « **J'étais en train de t'écrire la même chose, c'est dingue !** ».

Chaque moment à vos côtés n'est que pur plaisir, je ne vous parle pas de vos yeux, si merveilleux, mais de votre sourire...

Vouvoiement + rimes à la con. Pas la peine de renchérir, votre correspondant est inspiré pour deux.

Je t'aime comme un fou, comme un roi, comme une star de cinéma…

Soyez indulgent, si l'amour rend aveugle voire idiot, il peut aussi donner mauvais goût. Formez un duo et enchaînez : « **tu vois je t'aime comme çaaaaaaaa** ».

Dieu a été créé à l'image de l'homme mais moi j'suis créé à mon image pour t'idolâtrer mon bébé !

N'est pas poète qui veut… Faites semblant de comprendre et d'apprécier, répondez d'un triple cœur qui ne veut tout aussi rien dire : « **<3 <3 <3** ».

Si je t'agresse appelle le 15, si je t'allume appelle le 18 et si je te manque, appelle-moi…

Rappelez-le. Ou pas…

Veux-tu m'épouser ?

La bonne nouvelle, c'est qu'on a demandé votre main. La mauvaise, c'est qu'on l'a fait de la pire façon qui soit après la demande sur le plateau des Z'Amours et celle faite au moment du dessert dans un Buffalo Grill. Réfléchissez à deux fois. Si c'est OUI, appelez tout de suite. Si c'est NON, ou PEUT-ÊTRE, répondez d'un dissuasif mais amical « **Lol, t'es con** ».

Si tu reviens, j'annule tout

Un ex vous offre une nouvelle chance de l'éconduire. Désespéré voire désespérant, il a monté un projet pour vous faire revenir mais paniqué face à votre indifférence, il vous propose le troc gagnant-perdant de la dernière chance : on efface tout et on recommence. C'est sûrement le dernier SMS que vous échangez avec lui, répondez avec classe et majesté : « **Écoute Nicolas, je suis navrée mais ma décision est prise. Je te souhaite le meilleur et espère pouvoir rester ton amie. PS : je garde la lampe qu'on a achetée au BHV** ».

Joyeuse St Valentin, mon amour

Vous recevez par écrit des mots qu'on doit normalement entendre de vive voix lorsqu'on reçoit un bijoux, un strip-tease ou un week-end à Venise. Tout porte à croire que vous devrez vous en contenter. Soyez réaliste et résigné : « **Avec toi, c'est la St Valentin tous les jours** ».

RUPTURES ET DÉSAMOURS

C'est fini, ne m'appelle plus.

L'info vient de tomber, vous venez de vous faire larguer. Soyez digne, n'appelez plus, envoyez un texto, tout au plus : « **Réfléchis bien, sans mes coups de fil tu risques de te faire chier** ». Humour + désinvolture, ça peut marcher.

Camille m'a tout raconté. Tes affaires sont sur le palier CONNARD !

Camille est une balance et certains de vos vêtements préférés vous attendent quelque part entre un paillasson et un local poubelle. Il faut agir : « **Je m'en veux tellement, j'ai si peur de te perdre, je suis un sale con, je sais, mais je t'aime** » et courez récupérer... vos affaires.

Tu m'as déçu. Adieu.

Votre correspondant vous en veut et pour vous le faire comprendre, il sort le grand jeu. Ne prenez pas ce SMS au sérieux. Lorsqu'une personne utilise des mots pareils, c'est qu'elle se croit dans une tragédie grecque et comme chacun le sait, une bonne tragédie grecque ne se fait pas sans longues séparations, dépressions et coups de théâtre incestueux. Dans 4 jours, recontactez-la « **Sans toi la vie perd tout son sens** » et si vous n'obtenez pas de réponse, tentez le tout pour le tout : « **sinon, tu m'as pas dit que t'avais un frère/une sœur célibataire?** ».

Salut miss. J'ai passé un super moment et tout mais calme toi c'était juste pour la nuit. Si tu repasses sur Toulouse et que tu veux remettre ça, appelle-moi. Ciao

Voilà ce qui arrive quand on succombe au chant de l'alcool et au confort d'une banquette arrière... Vous avez offert votre cœur à quelqu'un qui n'a pris que votre corps, autrement dit, on vous a dupé. Rendez-lui la pareille : « **Super ! Toulouse-Toulouse ou bien Toulouse et sa banlieue ?** ».

J'ai besoin d'un peu de temps pour réfléchir

Besoin de penser, d'y voir plus clair, de souffler, de faire le point... Votre conjoint est déboussolé et demande un break pour réfléchir à votre relation et à sa viabilité. C'est attentionné mais puisqu'en dehors des partouzes, l'amour n'a rien d'un problème de maths, ça sent la rupture. Laissez faire : il usera le canapé de ses copains, il finira par se réinstaller chez sa mère ou louera une studette, puis vos câlins à volonté vont lui manquer, et puisque c'est triste un dimanche soir seul devant la télé, il reviendra. Ne répondez pas et activez plutôt le plan SOS potes-pour-soirée-alcoolisée. Envoyez à vos meilleurs amis : « **Besoin d'un cocktail. Vite !** »

Je t'aime mais puisque apparemment tu t'en fous sache que j'ai pris du Malibu et toute la boîte de dafalgan. Il ne reste plus que quelques minutes à vivre, je vais les passer à penser à toi. Ca y est, je pars...

Votre ex ne tolère pas la rupture. Votre séparation lui est insupportable, il a donc pris la décision d'en finir en buvant de quoi vomir. Face à un scénario dramatique mais peu crédible, soyez malin : « **j'ai plus trop de batterie, je suis à Carrefour. Dis t'as pris du Malibu coco ou du Malibu lime ?** ».

Ecoute pour moi c'est comme si tu étais là et ailleurs à la fois. Hier après le dîner j'étais bien et puis j'ai senti dans ton regard que ça n'allait pas. Je pensais que tu étais prêt, mais tu es comme un millefeuille, à chaque étage tu me déçois un peu plus. Je crois que je vais arrêter là... Je suis bien avec toi, j'ai pas envie de te perdre et de souffrir mais ça ne peut pas continuer comme ça. Tu me manques, je voudrais être dans tes bras. Est-ce qu'on peut se voir ? Je suis en bas de chez toi.

Votre correspondant est amoureux. Rejoignez-le, faites des enfants et achetez un appartement « proche tous commerces » en banlieue.

Tu comptes m'ignorer encore longtemps ?

Vous ne donnez pas de nouvelles et quelqu'un s'en agace. Si vous continuez à « l'ignorer encore longtemps », vous allez perdre son amitié ou pire encore, son respect. Soignez son orgueil « **Nonnnn ! Je pensais à toi justement** » ou perdez-le à jamais « **OUI.** ».

Je te hais. Crève !

Bien. Vous n'avez plus qu'à effacer un numéro de votre répertoire.

PROPOSITIONS INDÉCENTES

G envi 2 toi

Un mineur souhaite avoir un rapport sexuel avec vous. Si vous avez moins de 18 ans, bonne nouvelle, vous allez avoir des choses à raconter dans la cour du lycée. Si vous avez plus de 18 ans, méfiez-vous et proposez un rendez-vous discret. Dans tous les cas, profitez de la situation : « **Ta pa 1 ptite foto pour Iprouvé?** »

coucou tu veux voir ma bite ?

Un homme propose de vous offrir un aperçu de son appareil génital via MMS ou visioconférence. Acceptez sans montrer trop d'intérêt : « **Oui ?** ».

Veux-tu (peux-tu) venir découvrir une magnifique boîte coquine à Madrid avec moi (et du matériel) ?

Un ami vous envoie une invitation que, trop poli, vous ne sauriez décliner. Reste à s'entendre sur ce qu'il appelle « matériel » et à s'assurer que cette conversation n'arrive pas aux oreilles de votre femme, de la police, des journalistes, du FMI, du monde entier... Soyez subtil, répondez : « **Je m'en régale d'avance ! Sais-tu ce que je préfère (adore déguster bien frais) dans la paella ?** ».

Ça te dirait un plan à 3 ?

Dieu, une colocataire allemande, 3 bouteilles d'alcool ou l'abus de Youporn vous offrent l'opportunité de participer à une séance de sexe en groupe. Un jour, vous aurez 73 ans et vous regarderez Des chiffres et des lettres alors oubliez vos principes et lâchez-vous. À moins que les conditions s'annoncent mauvaises (avec vos deux meilleurs potes dans un hôtel Formule 1, un bâillon-boule et 5 pervers qui payent pour regarder) montrez-vous intéressé : « **yeahh** ».

Ce soir, c'est ton soir. Je vais te manger la chatte et démonter ton joli petit cul de cochonne.

Votre soirée s'annonce chargée. Rassurez votre correspondant sur votre ponctualité: « **20 h, chez toi. Je n'aurai pas de culotte** ».

J'ai mes règles...

Votre soirée s'annonce compromise. Rassurez votre correspondant sur votre nature compréhensive ou patientez 4 jours : « **On peut s'arranger...** ».

Tu viens dîner à la maison ? Au menu ce soir : abricot juteux et saucisse bien dure...

Votre correspondant ne sait pas cuisiner, mais heureusement trois petits points peuvent tout changer... Vivement le dessert : « **Tu sais que je suis un(e) gourmand(e)... J'en salive déjà !** »

GRANDES NOUVELLES

Vicenzo a demandé ma main !

Une amie va se transformer en démonstratrice du salon du mariage pendant au moins une année.
> Si vous êtes son père ou sa mère, comprenez « t'as pas 10 000 € ? » et répondez avec un nombre de points d'interrogation inversement proportionnel à votre Livret : « **??** ».
> Si vous êtes gay, avez moins de 30 ans ou êtes déjà vous-même mariée/fiancée, félicitez-la avec l'enthousiasme d'une troupe de majorettes : « **HANNNNNN ! Félicitations !!!!!!! C'est génial Trop chouuu <3 <3 <3** ».
> Si vous vivez avec un chat et attendez toujours qu'il ou n'importe qui doté d'au moins deux pattes vous offre une bague, pleurez 10 minutes puis envoyez au premier célibataire gentil de votre répertoire : « **Tu fais quoi ce soir ?** ».

Je l'ai !!!!

Un proche a obtenu un travail ou diplôme qui lui ouvre enfin certaines perspectives d'avenir : réveil matinal, surcharge de boulot, stress, impôts... Félicitez-le : « **Bravoooo !** ».
Attention : un « je l'ai » sans point d'exclamation peut faire référence à un virus ou un ballon de volley.

Je viens de quitter John.

En couple avec un con, votre amie vient de prendre la bonne décision. Soutenez-la mais ne prenez pas position car elle pourrait vite retomber dans les bras de son compagnon. À un objectif mais risqué « C'est pas trop tôt, ce loser te méritait pas et je l'ai toujours trouvé très con », préférez un plus prudent et concerné « **Oh mince ! Qu'est ce qui s'est passé ?** ».

J'ai démissionné.

Un proche s'apprête à devenir pauvre ou artiste. Si c'est un ami, soyez solidaire : « **Je m'inquiète pas, tu vas retrouver quelque chose très vite !** ». Si c'est votre conjoint et que vous partagez un crédit immobilier, soyez clair « **Super. T'as intérêt à retrouver quelque chose très vite !** ».

Ma grand-mère est morte dans la nuit.

Un proche vient de perdre un être cher. Si vous avez une entreprise de pompes funèbres, saisissez l'opportunité au vol « **Je peux te faire un forfait sympa transport + mise en bière avec déco florale offerte** ». Sinon, contentez-vous de la formule de rigueur « **Toutes mes condoléances** ».

Croquette est décédée dans la nuit...

Ne sous-estimez pas la peine qu'inflige la perte d'un animal à son propriétaire. Faites preuve de tact et consolez-le telle une mère aimante qui invente à son enfant un monde de douceur et de rêve : « **Toutes mes condoléances. Je suis sûr que Croquette a trouvé plein de copains et s'amuse maintenant beaucoup au paradis des petits chats tout doux** ».

Lasse de cette vie, je la quitte. Avant de partir je tenais à te dire au-revoir. Au-revoir.

Un proche part se suicider. Ou pas. Il y a peu de chance pour qu'il ou elle réponde à quelque SMS que ce soit aussi tentez le tout pour le tout : « **Ah bah merci du cadeau connard !** » ou appelez les pompiers.

Théodora est née à 5h02. Elle pèse 4kg et sa maman va très bien !

Un père vient de passer les 36 heures les plus longues de sa vie, son bébé a un prénom branché et sa femme est en train de se faire recoudre la dignité. Souhaitez-lui bonne chance : « **Félicitations !!! Tu vas être un super papa !** ».

FÊTES

Bonne Année !!!

Comme la coutume l'impose, on vous souhaite une « bonne année » lorsque celle-ci commence. SMS parmi les plus courants, l'échange de vœux est une tradition à laquelle vous ne pourrez pas échapper. Votre réponse, aussi attendue soit-elle, mérite d'être adaptée à vos différents correspondants :

- conjoint et parents les plus proches : à moins que votre environnement ou état l'empêche réellement, oubliez le texto et passez un petit coup de fil pour échanger des vœux plus « parlants ». Pensez aussi à la carte postale pour vos grands-parents : un texto ne saurait être exposé dans une vitrine ou sur le napperon de la télé.
- amis : personnalisez une formule standard en y ajoutant le combo adjectif possessif + surnom, marquant l'exclusivité et la sincérité du message : « **Mon Fifi !!!! Bonne année !!!** ».
- reste de la famille : contentez-vous du minimum syndical, vous les verrez bien assez tôt pour un trop long déjeuner « **Meilleurs vœux !** ».
- connaissances et collègues : imaginez une formule générique mais amusante, vous démarquant du lot comme « **Bonne année !!! Amour, gloire et mojito à volonté !** ».
- supérieur hiérarchique : touchez ses points faibles ! S'il peut se permettre de rouler en Mercedes Benz et de vous humilier en réunion toute l'année, il n'en reste pas moins homme aussi insistez sur les points sensibles qu'il ne peut maîtriser, à savoir famille et santé : « **Bonne année! Qu'elle apporte bonheur et surtout bonne santé à vous, ainsi qu'à ceux qui vous sont les plus chers** »
- ex : entretenez la relation sans vous mouiller. Répondez d'un impersonnel mais symbolique « **Bonne Année !** ».

Joyeux Anniversairrrrre !!!!

Une personne souhaite célébrer votre vieillissement. Magie du temps qui passe, vous n'avez plus l'âge de la carte 12/25, plus l'âge de vivre au frais de vos parents, de vous faire appeler « mademoiselle » ou d'être sifflé par un passant, plus l'âge d'aller en boîte, plus l'âge des excès, plus l'âge de flirter, plus l'âge d'être en stage, plus l'âge de manger des Big Mc 4 fois par semaine, plus l'âge de porter des baskets, d'essayer de nouvelles drogues, de tout plaquer, faire le tour du monde, vous faire tatouer, écouter du reggae, apprendre à skater, acheter des Kinder, détester les enfants, plus l'âge d'être jeune et insouciant, tout simplement... Répondez juste « **merci** ».

Joyeuse St Christian !

Une personne possède un almanach religieux et partage avec vous une tradition vieillissante : la fête des saints. Répondez « **merci** » puis priez le Seigneur pour qu'il n'attende pas que vous lui rendiez la pareille, ou investissez dans un calendrier des PTT.

OH OH OH Joyeux noël !!!!

Un proche mis en confiance par un téléfilm de noël et des restes de champagne tente de passer par la cheminée de votre téléphone portable. Le 25 décembre étant une journée tournée vers la famille et l'espoir, retournez à votre boîte de truffes et ignorez-le. Dans 7 jours, vous lui souhaiterez une bonne année.

Tu fais quoi pour le 31 ?

À l'approche de la saint-Sylvestre, l'angoisse de la solitude monte chez un de vos proches. Socialement peu actif, il ou elle n'a reçu aucune invitation et réalise que sa soirée de réveillon pourrait bien se terminer entre une mini-bûchette au café et Les Enfants de la télé.
Si vous êtes pris et ne pouvez ou souhaitez pas l'aider, évoquez une soirée incertaine et ayant peu d'intérêt :
« **je vais peut-être chez mon cousin à Nancy !** ».

SMILEYS

Ne sachant pas quoi écrire, votre correspondant vous fait parvenir un simple sourire. Ne soyez pas naïf, ici comme dans la vraie vie, il peut manifester autant la bienveillance et l'empathie que l'hypocrisie ou l'ironie. Si nous étions encore sous l'occupation nazie, il serait plus prudent de ne rien répondre. De nos jours, répliquez juste par une même expression : « **:-)** » (le nez est en option).

Vexé, déprimé, ennuyé ou fâché, un proche vous envoie un visage aux traits mécontents censé le représenter. Ignorez-le, car si votre correspondant était réellement furieux ou attristé, il :

- n'utiliserait pas une figuration symbolique immature comme l'émoticône.
- ne prendrait pas le temps de lui confectionner un petit nez par souci d'esthétisme.

<3

Vous venez de recevoir le SMS le plus consternant qui soit, un petit cœur. Il est symptomatique de l'état hystérico-amoureux chez l'adolescente, aussi estimez-vous heureux, cela aurait pu être pire : « Kikoo <3<3<3<3 <3<3<3<3 BB ». Répondez d'un smiley sourire : « **:-)** ».

;-)

Quelqu'un vous fait un clin d'œil. Toujours plein de sous-entendus, à vous de savoir l'interpréter : fraternité, humour, séduction, arnaque, allergie.

:'(

Une personne pleure ou plutôt, elle envoie une émoticône le faire à sa place. Ce signe indique que vous êtes en présence d'une personne déçue ou triste et tout porte à croire qu'en vous signifiant son état, elle attend que vous lui apportiez aide ou réconfort. Soyez empathique et ayez l'air concerné : « **:-0** » ou encore « **?** ».

:-$

Votre interlocuteur symbolise son embarras, sa peur ou sa gêne par un personnage dont la bouche est constituée d'un dollar et n'est pas sans rappeler celle de l'artiste dentaire, Lil Wayne. Visiblement, il manque de jugement : ignorez son appel à l'aide.

:-0

Bouche bée, cette émoticône marque l'étonnement ou la surprise. Elle intervient en réponse à vos précédents propos et synthétise l'idée suivante : « Mon Dieu, vraiment ? C'est incroyable, je n'aurais jamais pu imaginer cela. Que vas-tu faire ? Que va-t-il se passer maintenant ? Quelle fut ta réaction ? Est-ce que ça va ? Quel choc cela a dû être pour toi... ». Autrement dit, enchaînez.

(^_^)

Variante kawaii de l'émoticône sourire, le sourire asiatique se distingue principalement par un plissage particulier des yeux. Il inspire la sympathie mais dissimule ruse et hypocrisie. Soyez vigilant, présentez son petit cousin en échange : « **^.^** ».

:-P

Quelqu'un vous tire la langue, une attitude réservée aux moins de 7 ans et qui s'apparente à du sarcasme. Encaissez et préparez votre vengeance : « **Bref, sinon, toi ça va le célibat/chômage/embonpoint, ça se passe bien ?** ».

LES INCOMPRÉHENSIBLES

G trouV1iD2kdo tro Knon, a 2m1!

Votre correspondant est né après les années 80, il repousse donc les limites de la phonétique et écrit « G » là où vous voudriez lire « J'ai ». Petit, vous rêviez d'être le nouveau Champollion ? Eh bien bonne nouvelle, c'est maintenant - ou plutôt « C mnt ». Répondez comme vous pouvez.

tu fais koi, tonight? Pas avec ton mec? Anyway, je te call après le work, right?

Votre correspondant est né dans les années 80, il utilise donc l'anglais niveau cinquième pour gagner du style et du temps sur certains mots qu'il juge « boring » ou trop longs à écrire en français. Coiffez-le au poteau, devenez polyglotte : « **Je suis ДОСТУПНЫЙ quand tú quieres mais pas après le 膳食, ok?** »

super soirée! on c'est bien marrer. malgré que qu'ils croyent que tes relou, je te kiffe à fond sur le plan mentale! si j'aurai su ta personalité avnat on serez cops depuis longtant

Votre correspondante n'a pas eu son bac mais, ce soir, elle vous a bien apprécié et puisque dans ce monde si dur vous ne semblez pas populaire, contentez-vous de ce début d'amitié qui mérite un bon gros zéro en dictée. Répondez : « **Merci ! T'est trop ma nouvel besta <3 on se voies a la fête a ton cousin ?** »

husgdfughhhhh

Vous venez de recevoir un texto fantôme ou quand un téléphone, au fond d'un sac à main, décide d'envoyer de lui-même des SMS au hasard des chocs qu'il subit. Y répondre ferait de vous un individu étrange.

Maman m'a dit que tu pouvais voir Alexandra pour le tr

Vous venez de recevoir un texto tranché ou quand un incident technique ou humain ampute la fin d'un SMS. Patientez, la suite ne devrait pas tarder à arriver.

prout

Un individu tente de vous provoquer en vous envoyant ce que l'humanité entière considère comme déplacé : un pet. Entrez dans l'arène et agressez-le de plus belle : « **caca prout** », « **prout de feu** », « **mega master prout nucléaire** », et ainsi de suite.

?

Un proche attend de vous des réponses. Question restée en suspens, propos pas clairs, comportement qui suscite son interrogation : à vous d'éclairer sa lanterne. Si vous ne voyez pas à quoi il fait référence ou quelles précisions lui apporter, ripostez d'un « **?** ». Notez cependant qu'un dialogue composé uniquement de signes de ponctuation se retrouvera dans l'impasse au bout du troisième échange...

Désolé, le catamaran a déjà trouvé acquéreur. Pour la visseuse c'est 130 € mais avec la B45 en plus, je vous fais le tout à 200.

On vous propose une offre alléchante pour de l'outillage d'occasion. Malheureusement, vous maîtrisez à peine le marteau et force est de constater que ce SMS ne vous était pas destiné. Si l'expéditeur du message est un ami, indiquez-lui son erreur : « **Hein ?** ». Sinon, soyez rationnel, ne répondez pas et laissez ce vendeur assumer seul son erreur.

LES DANGEREUX

Je me suis disputé avec Monique, et je crois que j'ai fait une connerie. Peux-tu venir chez moi tout de suite? Besoin d'une grosse pelle et de plusieurs grands sacs poubelle. Sois discret.

Un proche va avoir de gros ennuis car il parle dans la même phrase de Monique, dispute, pelle et sacs poubelle. Sachez que depuis 2007, la justice française admet la preuve par SMS. La police, elle, dispose de logiciels qui visitent la mémoire des téléphones et cartes SIM, elle peut également mettre vos textos sous surveillance et surtout, collaborer avec votre opérateur téléphonique qui archive potentiellement tous vos faits et gestes. Autrement dit, ne répondez pas et si vous décidez de le rejoindre, éteignez votre portable.

RDV 20h à l'auberge de la Jalousie ou je dis TOUT à ta femme

Votre maîtresse devient menaçante. Éprise et jalouse, elle vous fait chanter. À ce stade, aucun SMS ne suffirait à régler le problème, autrement dit, vous êtes dans la merde. Envoyez un texto à votre femme « **Je t'aime** », à votre meilleur pote « **besoin d'un alibi, help** » et à votre avocat « **Bonjour, seriez-vous disponible pour un rendez-vous discret ce lundi ?** ». Bonne chance.

Je sais où t'habites. T mort.

Une personne cherche à vous intimider. Prenez ses menaces au sérieux et aller porter plainte. Si vous êtes issu du milieu du grand banditisme ou des gens du voyage, préférez la méthode préventive et allez-vous acheter une arme de catégorie 1 sur eBay. Dans tous les cas, ne répondez pas.

C'est quoi cette histoire avec Anaïs ?

On vous demande un rapport complet sur un événement sans intérêt alors que vous marchez dans la rue ou conduisez votre voiture. Ne faites pas de votre réponse un événement qui serait, lui, dramatique. Répondre à un SMS alors qu'on traverse une rue ou roule sur une nationale est une mauvaise idée.

PUBS ET SPAMS

Élodie t'a laissé un message. Pour l'écouter, appelle le 08 XX XX XX XX et entre le code 8769.

Élodie vous a laissé un message, à vous ainsi qu'à 28 000 autres personnes. Elle espère qu'à 1,35 € l'appel puis 34 centimes la minute, vous serez nombreux à le consulter (vous êtes en moyenne 4% à croire à son histoire en PCV). Ne rappelez pas Élodie, c'est une arnaque – comme souvent avec les Élodie – et transférez ce texto au 33700, service officiel pour la lutte anti-spam.

Félicitations ! Aujourd'hui à 12h10 votre numéro de téléphone a été tiré au sort et vous remportez une voiture de luxe, un chèque de 5000 € ou un fond d'écran. Pour retirer gratuitement votre lot, composez le 08 XX XX XX XX.

Félicitations ! Vous êtes le grand gagnant d'un tirage au sort qui n'a jamais existé. À ce rythme-là, bientôt vous retrouverez le trésor des Templiers, guérirez le feu par téléphone et remporterez un Quinté+ de poneys. Demandez à vous faire canoniser et transmettez la bonne nouvelle aux intéressés : 33700 (service officiel pour la lutte anti-spam).

Exclusivement pour vous et seulement ce week-end, profitez de -10% sur l'ensemble de notre rayon literie avec le code « TCHOUTCHOU ».

Vous avez donné votre numéro à un magasin (en ligne ou pas) qui l'utilise désormais pour vous envoyer des offres publicitaires (intéressantes ou pas). Renvoyez-lui « **STOP** » pour être automatiquement retiré de ses listes de diffusion ou achetez un nouveau sommier.

CADEAU! Renvoie « OK» au XXXX et reçois gratuitement la sonnerie zouk du moment ! INSCRIPTION GRATUITE (1€ par SMS + coût éventuel du SMS, puis 3€ par semaine).

Une sonnerie zouk ? Pour votre portable, vraiment ? Méfiez-vous des abonnements déguisés en offre alléchante, méfiez-vous des numéros à 5 chiffres (plus le premier d'entre eux est élevé, plus il vous coûtera cher d'y répondre) et surtout, méfiez-vous du zouk.

INDEX

REMERCIEMENTS :

À ma mère, qui m'a portée 9 mois et a contracté un crédit pour payer le seul lycée qui voulait bien de moi. La meilleure maman chérie du monde !

À mon père, qui n'a rien porté du tout mais m'a emmenée admirer les vaches et pêcher les têtards en chantant du Johnny. Le meilleur papa du monde !

À ma grande sœur, qui me manque et compte énormément pour moi. P.-S. : pardon pour toutes ces Barbie sur lesquelles tu as marché dans le noir.

À Didier, qui veut bien m'épouser alors que je ne fais pas la vaisselle et porte des soutiens-gorge Daxon. Je t'aime mon Douchou Caca !

À Anaïs Vanel, qui a dit un jour : « Il m'a envoyé " Bonne journée ", à ton avis je réponds quoi ? Rhaaa... Si seulement il existait un guide du SMS !!! »

À mes copines Camille, Claire, Anaïs et Sophie, qui seront contentes de voir que leur nom est cité ici. Youhou, tu passes à la télé !!!

À Fred, qui a monté ce livre et en fut le premier lecteur conquis bien que non engagé vis-à-vis de moi par des liens économiques ou sexuels.

À Dieu, à la vie, les animaux, le Viennetta, le Pilates, la pastèque, Parly 2, mon canapé 5 places, le maquillage, les leggings, Léo et les vacances à la mer.

Première édition

Dépôt légal : juin 2013 - ISBN : 978-2-7560-4198-8
Achevé d'imprimer en mai 2013 par CPI Aubin imprimeur, à Ligugé
www.editions-delcourt.fr